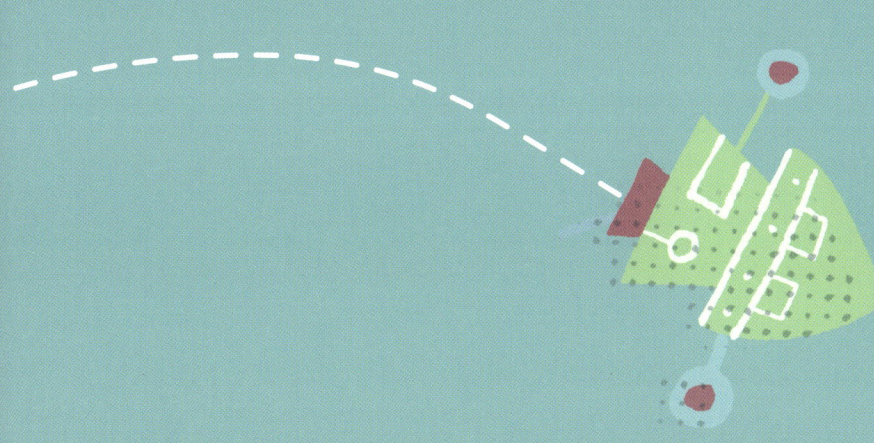

환경을 생각하는 미래 직업 12

지구 온난화에 맞서는 건축가가 될 거야!

소피아 에리카 롯시·카를로 카네파 지음
루카 폴리 그림 | 음경훈 옮김

차례

4　들어가는 말

8　사라진 도시의 건축가

12　미지의 행성 탐험가

16　플라스틱 낚시꾼

20　DNA 디자이너

24　과학 아티스트

28　북극 빙산 관리사

32　인공 지능 로봇 개발자

36　물이 필요 없는 농부

40　바이러스 탐정

44　멸종 위기 관리사

48　심해 탐험가

52　외래종 사냥꾼

들어가는 말

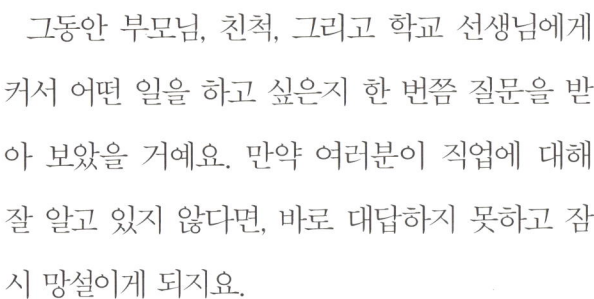

그동안 부모님, 친척, 그리고 학교 선생님에게 커서 어떤 일을 하고 싶은지 한 번쯤 질문을 받아 보았을 거예요. 만약 여러분이 직업에 대해 잘 알고 있지 않다면, 바로 대답하지 못하고 잠시 망설이게 되지요.

세상에는 정말 다양한 직업이 있어요.
아직은 존재하지 않지만,
짧게는 몇 년 안에 '짠!' 하고
나타날 수 있는 새로운 직업도 있답니다.
바로 최첨단 과학 기술을
활용하는 직업들이지요!

몇 년 뒤에는 수천 년 전에 멸종된 종을 되살리고, 불가능해 보이는 장소에 집을 지을 거예요. 또 알려져 있지 않은 바이러스를 찾아내고, 우주 탐험에 나서는 게 일상이 되겠지요.

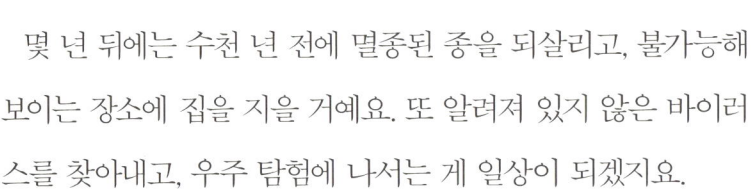

우리가 가까운 미래에 만나 보게 될 직업들은 어딘가 익숙한 듯하면서도 조금 낯설지 몰라요.

오염된 바다를 살리는
'플라스틱 낚시꾼'
고장 난 유전자를 오려 내는
'DNA 디자이너'
무서운 전염병에 맞서는
'바이러스 탐정'

어떤 직업인지 알쏭달쏭하다고요?

우리가 살고 있는 푸른 지구를 지키기 위한 직업들이에요. 물리학, 생명 공학, 뇌 과학, 로봇 공학…… 등 다양한 과학 기술을 활용해 '지구 온난화'와 같은 환경 문제를 해결하고자 앞장설 거랍니다.

지구가 없으면 우리가 살아갈 집이 없어지는 것과 마찬가지니까요!

이 책은 12가지의 미래 직업을 소개하고 있어요. 먼저 무슨 일을 하는지 주인공들의 생생한 이야기를 들어 보세요. 그러고 나서 한눈에 쏙 들어오는 그림 도표를 보며 이런 직업이 왜 필요한지 생각해 봐요. 그럼 알쏭달쏭해 보이던 미래의 직업이 더욱 선명하게 다가올 거예요.

이제 소개할 직업들은 과학의 원리에 유쾌한 상상력을 더해 탄생했어요. 그러니 '진짜 이런 직업이 생긴다고?'라며 소스라치게 놀랄 필요는 없답니다. 이보다 더 나은 방법을 발견하면 전혀 다른 직업이 등장할 수도 있을 테니까요.

자, 그럼 지금부터 미래의 직업을 꿈꿔 볼까요?

사라진 도시의 건축가

_해수면 상승에 맞서다!

"도시 전체를 10센티미터만 위로 올리자고? 그 정도론 턱도 없어. 20센티미터로도 부족할걸?"

토마스가 곱씹듯 중얼거렸어요. 토마스는 사라진 도시의 건축가예요. 지구 온난화로 해수면이 높아지자, 해안 도시가 물에 잠겨 버렸답니다. 그 도시를 되살리기 위해 나선 참이었지요.

지금은 태평양 한가운데로 달려가는 중이랍니다. 바닷물에 잠긴 도시를 대신할 이주지를 건설해야 하거든요.

아, 토마스는 가장 짧은 시간에 수중 도시를 건설하는 신기록을 세웠어요. 수중 도시를 처음 만들었을 때, 어린이들은 마치 거대한 수족관에서 지내는 것마냥 즐거워했지요. 그런데 이제는 한계에 다다라 더 이상 지을 수가 없어요. 수중 도시를 원하는 만큼 크게 만드는 건 여간 어려운 일이 아니거든요.

이젠 육지에 새로운 도시를 건설할 방법을 찾아야 해요. 아직 아무도 살지 않는 지역을 골라야 하지요. 이번에 선택된 장소는 아프리카의 사하라 사막이에요. 말라 버린 개울과 모래 언덕뿐이지만 지금으로선 달리 대안이 없거든요.

토마스는 작업팀과 함께 서둘러 건설 현장으로 향했어요. 아니, 그런데 이게 웬일이람? 토마스는 깜짝 놀라 소리쳤어요.

"누가 벌써 여기에 도시를 짓기 시작한 거야?"

물에 잠긴 도시의 시민들에게 몇 개월 안에 이주할 곳을 마련하겠다고 약속했는데……. 누군가 먼저 도착해 공사를 한창 진행 중이지 뭐예요?

토마스는 건설 현장을 지휘하는 또 다른 사라진 도시의 건축가에게 다가가 자신을 소개하며 인사를 건넸어요. 그 건축가는 이탈리아의 베네치아가 바다에 잠기면서 지구상에 남은 마지막 공간인 사하라 사막을 찾아온 거라고 해요.

다행히 두 건축가는 힘을 합치기로 했어요. 둘이 새로운 도시를 구상하기 시작했지요. 대기 오염을 일으키는 차도를 없애고, 재생 에너지를 사용하는 공유 교통망을 설계했답니다. 또 식물이 자랄 수 있도록 공중 정원을 만들고, 건물의 지붕을 태양광 패널로 덮어서 친환경 도시로 거듭나게 했어요.

해수면이 높아지는 이유가 무엇일까요?

30%

지구 온난화로 기온이 올라가면서 그린란드와 남극의 빙하가 점점 녹아내리고 있어요.

30%

바닷물의 온도가 올라가면서 부피가 점점 늘어나요(열팽창).

40%

지각(지구의 가장 바깥층)이 꺼져서 서서히 내려앉아요.

우리가 곧 겪게 될 '해수면 상승'의 영향

- 폭풍과 쓰나미 등 기상 이변으로 피해가 자꾸 늘어나요.

- 거세진 파도로 해안 주변의 땅이 깎여 나가면서 해안선이 급격히 바뀌어요.

- 모래와 조약돌 등 퇴적물이 바다로 흘러들어 해양 생태계가 변하게 되어요.

앞으로 해수면은 얼마나 더 높아질까요?

과학자들이 수십 년 동안 수집한 자료에 따르면, 1870년부터 현재까지 세계의 해수면은 평균 약 20센티미터 높아졌어요. 최악의 경우, 2100년이 되기 전에 평균 1미터까지도 올라갈 수 있다고 해요. 베네치아와 같은 항구 도시는 진짜로 물에 잠길 수 있다는 뜻이지요.

만일 우리가 지구 온난화를 늦출 방법을 찾지 못한다면, 해수면은 앞으로 계속해서 높아질 거예요.

이 직업에는 다음과 같은 능력이 필요해요!

- 창의성
- 제한된 시간 안에 해답을 찾는 능력
- 건축과 수학에 대한 열정과 지식
- 세부 사항을 챙기는 꼼꼼함
- 디자인 감각
- 배려심

미지의 행성 탐험가
_인류의 미래를 개척하다!

 기지 밖의 온도는 섭씨 영하 60도. 붉은색의 거대한 먼지 폭풍이 몰아치고 있었어요. 지구의 기후에 익숙한 사람이라면 꽤나 낯설겠지만, 넬리는 이미 변덕스런 화성의 기후에 완벽히 적응했답니다. 넬리는 미지의 행성 탐험가예요. 말 그대로 사람이 살 수 있는 '새로운 행성'을 찾아내는 게 주요 임무랍니다.
 "자, 이제 출발할 시각이야!"
 넬리는 시리우스 항성(태양처럼 스스로 빛과 열을 내며, 한 자리에 머물러 있는 별) 주위를 뱅글뱅글 돌고 있는, 지구와 몹시 닮은 행성 하나를 얼마 전에 발견했어요. 그래서인지 우주선을 점검하며 확신에 찬 목소리로 말했지요.
 "새 행성이 언젠가 인류를 맞아 줄지 누가 알겠어? 우리가 지금 화성에 살게 된 것처럼 말이야."
 넬리와 동료들은 새로운 행성의 좌표를 입력한 후, 냉동 캡슐에 들어갈 준비를 마쳤어요. 미지의

행성 탐험가들은 수년이 걸리는 우주여행을 하는 동안 자신들의 몸을 완전히 냉동시킨답니다. 불필요한 에너지를 소모하지 않기 위해서예요. 모두 잠이 들자 어둠이 천천히 우주선을 감쌌어요.

'띠리링, 띠리링, 띠리링.'

우주여행을 시작한 지 겨우 열 시간 남짓 지났을까? 시끄러운 경보가 울리기 시작했어요! 넬리는 냉동 캡슐에서 몸을 일으키다가 점점 치솟고 있는 온도 표시등을 보고는 소스라치게 놀랐지요.

"아니, 저기 좀 봐. 우리가 거대한 불덩이로 향하고 있잖아?"

우주선 밖의 온도는 섭씨 약 3,500도에 가까워지고 있었어요.

"엄청난 힘이 우리를 끌어당기고 있어!"

이제 정체불명의 별과 충돌하는 건 피할 수 없는 것처럼 보였어요. 서둘러 경로를 수정해 최대한 방향을 틀어 보는 수밖에요. 미지의 위험에 맞서는 모든 행성 탐험가들이여, 오늘도 무사하기를!

이 직업을 위해서는 다음과 같은 능력이 필요해요!

- 별을 사랑하는 마음
- 미지를 향한 호기심
- 천문학에 대한 열정
- 탐험에 대한 열망
- 고된 훈련을 견디는 인내심
- 최신 기술에 대한 열린 마음

우리은하

우리가 있어요!

우리는 우주 어디쯤에 있을까요?

- 지구는 다른 일곱 개의 행성과 함께 태양 주위를 공전하고 있어요.

- 태양계는 우리 은하의 아주 작은 부분일 뿐이에요. 한 은하에는 태양과 같은 별이 약 4천억 개 정도 있답니다.

- 우주에는 대략 천억 개의 은하가 있어요. 우리 은하 역시 그중 하나지요!

 태양

 수성  금성  지구 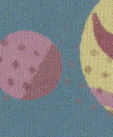 화성  목성  토성   천왕성 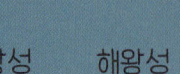 해왕성

우주를 떠도는 행성들에 관한 몇 가지 숫자들

과학자들은 이미 태양계와 비슷한 행성계를 발견했어요. 무려 3,000개가 넘지요. 또 **4,100**개 이상의 행성들을 연구하고 있어요.

그중에서,

- **1,400**개의 행성이 해왕성과 비슷해요.

- **1,300**개가 넘는 행성이 목성과 비슷한 거대 가스 행성이에요.

- 대략 **1,300**개의 행성이 '슈퍼 지구'예요. 즉 지구보다 10배까지 큰 행성들이지요.

- 약 **160**개의 행성만이 지구와 비슷하답니다!

화성에서의 생활, 만만치 않겠는걸?

화성의 기온은 섭씨 영상 30도에서 영하 140도 사이를 왔다 갔다 해요. 평균 기온은 섭씨 영하 63도 정도지요. 지구의 북극보다도 훨씬 춥답니다!
화성은 '붉은 행성'이라 불리기도 해요. 토양과 바위에 붉은색을 띠는 철산화물이 가득하기 때문이에요. 화성의 대기는 농도가 매우 옅은데, 이산화 탄소가 95퍼센트를 차지하지요.

화성에서는 계절에 따른 기온 차이보다 밤낮의 기온 차이가 더 커요. 또 거대한 모래 폭풍이 자주 일어나지요. 우주 비행사들이 비행 중에 갑자기 모래 폭풍을 만난다면, 방향을 잡기가 정말 어려울 거예요!

플라스틱 낚시꾼
_오염된 바다를 정화하다!

"바다가 잔잔한 걸 보니, 낚시하기에 좋은 날씨로군."

아메데오가 큰 소리로 선원들에게 말했어요. 아메데오는 오염된 바다를 살리기 위해 매일 플라스틱을 찾아다니는 낚시꾼이에요. 사람들은 오래전에 석유를 이용해 플라스틱을 개발했어요. 그때만 해도 가볍고 저렴하고 편리한, 그야말로 획기적인 발명품이었지요! 그런데 플라스틱으로 만든 물건이 마구 버려지면서 재앙으로 바뀌었답니다. 플라스틱은 분해되는 데 시간이 오래 걸리기 때문에 지구 환경에 치명적인 영향을 미치거든요.

아메데오와 선원들은 플라스틱을 모으기 위해 특별히 제작한 그물을 사용해요. 이 그물은 물고기들이 헤엄치는 걸 방해하지 않으면서 플라스틱 쓰레기들만 끌어당기지요.

"앗, 안 돼! 이번 주만 해도 벌써 두 번째라고."

아메데오가 자리에서 벌떡 일어나 구명정 위로 뛰어내리며 소리쳤어요. 저 멀리서 앨버트로스 한 마리가 버려진 그물에 걸려서 날개를 연방 퍼덕이며 울부짖고 있었거든요. 아메데오는 앨버트로스의 날개에서 조심조심 그물을 걷어냈지요. 그제야 앨버트로스는 자유롭게 하늘로 날아올랐답니다.

바다에는 커다란 플라스틱 조각 말고도 눈에 보이지 않는 쓰레기가 많이 숨어 있어요. 바로 '미세 플라스틱'이에요! 미세 플라스틱은 머리카락보다도 가늘고 모래알보다도 작아서 물고기들이 먹이인 줄 알고 자꾸 삼키곤 해요. 나중에는 그대로 우리 식탁에까지 오게 되지요.

플라스틱 낚시꾼들은 미세 플라스틱도 놓치지 않아요. 최신 발명품 '모비'가 있거든요.

"모비, 오늘은 얼마나 많은 미세 플라스틱을 삼키는지 보자꾸나!"

아메데오가 웃으며 이야기했어요. 그러자 기다란 이빨 모양의 필터가 수백 개나 달려 있는, 고래처럼 생긴 로봇이 수면 위로 곧장 솟구쳤지요.

"나쁘지 않은데? 우리가 맡은 구역이 제법 깨끗해졌어! 내일은 더 남쪽으로 내려가야겠는걸."

아메데오가 기쁨에 찬 목소리로 외쳤어요.

이 직업을 위해서는 다음과 같은 능력이 필요해요!

- 재활용에 대한 열정
- 생태학에 대한 관심
- 물고기에 대한 애정
- 능숙한 수영 실력
- 명확한 목표 의식
- 플라스틱에 대한 해박한 지식

플라스틱이 이렇게 많다고요?

전 세계에서 매년 **3억 6,000만** 톤의 플라스틱이 만들어져요. 이집트의 기자 피라미드 60개에 이르는 무게지요.

유럽에서만 매년 **6,000만** 톤의 플라스틱이 만들어져요. 코끼리 약 1,000만 마리의 무게와 비슷하답니다.

매년 **800만** 톤의 플라스틱이 전 세계 바다로 흘러들어요. 흰긴수염고래 5만 4,000마리의 무게와 맞먹지요.

우리나라에서는 한 사람이 매년 **11** 킬로그램이 넘는 플라스틱 쓰레기를 버려요. 전 세계에서 다섯 손가락 안에 들 만큼 엄청난 양이랍니다!

아픈 동물들이 이렇게나 많아요!

바다에서 플라스틱 때문에 피해를 보는 **700**종의 생명체

- 35% 새
- 27% 물고기
- 20% 무척추 동물
- 13% 해양 포유류
- 5% 파충류

분해되는 데 이만큼 오래 걸린다고요?

아메데오, 살려 주요!

앨버트로스
물고기를 잡으려고 바닷속에 뛰어들었는데, 버려진 그물에 걸리고 말았어. 빌어먹을!

참치
거참, 희한한걸. 아무리 먹어도 미세 플라스틱이 무슨 맛인지 전혀 모르겠단 말이야.

바다거북
나는 해파리인 줄 알고 꿀꺽 삼켰지! 근데 비닐 봉지라고?

10년 : 담배꽁초

20년 : 비닐 봉지

200년 : 캔

450년 : 플라스틱 병(페트병)

450년 : 기저귀

600년 : 낚싯줄

DNA 디자이너
_유전자 가위로 병을 고치다!

이네스는 어릴 적부터 손으로 무언가 만드는 걸 좋아했어요. 핀셋과 접착제로 아주 작은 미니어처 자동차도 뚝딱뚝딱 조립했지요. 어른이 된 뒤에는 자신의 특기를 살려 아주 특별한 디자이너가 되었답니다. 핀셋과 접착제 대신 '전자 현미경'과 최첨단 '유전자 가위'를 들었거든요! 유전자 가위는 DNA를 오려 내는 도구예요.

아, DNA가 뭐냐고요? DNA는 세포 속에 들어 있는 유전 물질이에요. 부모에게서 물려받은 유전 정보가 빼곡하게 적혀 있는 한 권의 책이라고 할 수 있지요. 이를 편집하는 사람을 DNA 디자이너라고 불러요.

요즘 이네스는 무척 어려운 연구를 하고 있어요. 밀가루로 만든 음식, 즉 빵이나 면을 먹은 사람들 중 몇몇은 알레르기 반응을 일으켜 배가 아프곤 했거든요. 그래서 밀의 DNA에서 알레르기를 일으키는 특정 부위를 찾아 잘라 내려는 거예요. 연구가 성공하면 많은 사람이 빵과 면을 마음껏 먹을 수 있게 되겠지요?

물론 말처럼 쉬운 작업은 아니에요. DNA를 온전히 분석한 뒤 어느 부위를 잘라내야 하는지 찾아야 하거든요. DNA를 함부로 건드렸다가는 커다란 부작용이 생길 수도 있기 때문에

DNA 디자이너에게는 매우 엄격한 규칙이 적용되어요. 'DNA의 해당 부분 외에 손을 대면 큰 처벌을 받는다!'는 무서운 선서까지 해야 하지요.

오랜 노력 끝에, 이네스는 밀의 DNA에서 알레르기를 일으키는 부분을 찾아 정확하게 도려내는 데 성공했어요. 그 부분만 깔끔하게 잘라 내고 나머지는 잘 붙여 두었지요.

이네스가 새롭게 '디자인'한 밀은 어땠을까요? 대성공이었어요! 빵을 먹은 사람들 중에서 배가 아픈 사람은 아무도 없었거든요. 새 밀가루로 만든 빵에는 '복통을 일으키지 않는 밀가루 사용 : DNA 디자이너 인증'이라는 상표가 붙었답니다!

DNA는 무엇일까요?

DNA는 '데옥시리보 핵산'의 약자예요. 우리 몸의 유전 정보가 빼곡하게 적혀 있는 안내 책자라고 생각하면 돼요. 쌍꺼풀과 보조개는 물론, 유전병에 대한 정보까지 담고 있지요. 한 생명체의 모든 세포에는 똑같은 DNA가 하나씩 들어 있답니다.

사람의 세포 하나를 골라 그 안에 들어 있는 DNA를 펼치면 길이가 약 2미터 정도가 되어요. 그러니 우리 몸을 이루는 수십조 개의 세포들에서 DNA를 모두 모아 이어붙인다면, 지구와 태양 사이의 거리보다도 훨씬 더 긴 가닥이 될 거예요.

이 직업을 위해서는 다음과 같은 능력이 필요해요!

- 오류가 없는 정밀함
- 협동 정신
- 생명 공학에 대한 관심
- 꼼꼼함
- 아주 작은 것에 대한 호기심과 열정
- 타고난 손재주

매우 신중해야 하는 유전자 편집

DNA가 담고 있는 유전 정보가 모두 완벽한 건 아니에요. 가끔 문제를 일으키기도 하거든요. 그래서 과학자들은 유전자를 '편집'할 수 있는 기술을 개발하고 있어요. 즉, 문제를 일으키는 DNA의 특정 부분을 잘라 내고 다른 DNA로 대체하는 거지요. 우리는 아직 DNA에 대해 완전히 다 알진 못해요. 그러니까,

DNA를 다룰 때는 '정말정말 신중하게' 작업해야만 한답니다!

Made by 이네스

과학 아티스트
_세상을 더 편리하게 바꾸다!

경연 대회가 이제 막바지에 이르렀어요. 가장 창조적이고 독특하면서도 예술적인 아이디어를 뽐낸 과학자들에게 상을 수여하는 과학 아티스트 경연 대회예요. 최종 결선에 서로 다른 작품 석 점이 올라왔답니다. 각각 개성이 넘쳐서 일등을 뽑기가 여간 힘든 게 아니었지요.

결선 참가자들이 차례대로 마지막 발표에 나섰어요. '현미경 요리사' 대니가 첫 번째예요.

"냄비를 시험관으로, 국자를 스포이트로 교체한다고 상상해 보세요. 이제 첨단 과학은 부엌에서 이루어집니다. 제 부엌, 아니 연구실에서는 한 번도 맛본 적 없는 수천 가지 요리를 시도합니다.

그중에서도 저의 가장 자랑스러운 작품은 바로 '고기 아닌 고기'예요! 고기와 똑같은 맛과 향이 나지만, 실은 감자와 콩으로 만든 거랍니다."

이어서 '자연 그대로 발명가' 레아가 나섰어요.

"전 문어 빨판에서 영감을 얻은 초강력 접착제를, 메뚜기 눈을 연구해 빛에 매우 민감한 센서를 발명했어요. 동물과 식물은 살아 있는 도서관이랍니다! 기발한 아이디어가 곳곳에 숨어 있거든요. 전 최종 발명품, 아니 작품으로 '투명 망토'를 가져왔습니다. 수년 동안 카멜레온을 연구해 주변 환경에 따라 색이 변하는 직물을 만들어 냈지요!"

마지막으로 '나노 분자 예술가' 아니타가 등장했어요.

"여러분, 나노 기술에 대해 들어 보셨겠지요? 저는 전자 현미경으로 나노미터 크기의 분자 조각을 연구합니다. 머리카락 지름보다도 십만 배 더 작은 조각들이지요. 그 결과, 저는 최신 나노 기술로 부서진 고대 건축물과 유물, 그리고 그림까지 완벽히 복원할 수 있게 되었어요. 바로 과학과 예술의 접목이지요. 이제 인류의 소중한 유산을 언제까지나 지킬 수 있게 된 셈이에요!"

과연 누가 수상자가 되었을까요? 맙소사, 경연 대회가 시작된 이래 처음으로 세 명이 공동 수상을 했어요. 대니, 레아, 그리고 아니타는 기쁨에 넘쳐 서로를 껴안았지요. 앞으로 또 누가 미래의 과학 아티스트 상을 거머쥐게 될까요?

미래의 과학 아티스트 자세히 들여다보기

움직이는 조각품, 물질을 이동시키는 자기장, 시간대별로 변하는 색깔, 그리고 가상 현실을 체험하는 특별 안경까지! 다음 세대의 예술은 모두 과학 기술과 밀접하게 연결될 거예요. 미래의 과학 아티스트들은 이미 실험하고 연구하고, 동시에 창작하고 있답니다.

이 직업을 위해서는 다음과 같은 능력이 필요해요!

- 신기술에 대한 열정
- 공감과 감정 이입 능력
- 참신한 아이디어
- 예술성
- 틀에서 벗어나 생각하는 창의성
- 창작에 대한 의지

과학 요리가 정말 있을까요?

과학 요리는 조리 기술과 음식 재료에 생화학 지식을 결합하려는 시도예요. 앞으로는 주변 환경과 동물권을 더 생각하는 방향으로 발전할 거예요. 농업과 육류 산업을 대체할 수 있는 방법을 찾겠지요!

- 잡고, 들어 올리고, 돌리고, 자르는 도구
- 자동 요리 로봇
- 모두 섞어서 휘젓는 도구
- 최신 착즙기
- 슈퍼 센서 저울
- 냉동용 액체 질소
- 냄비와 프라이팬

현미경 요리사, 대니

생체 모방이란 무엇일까요?

생체 모방은 식물과 동물의 특성을 흉내 내어 첨단 기술과 잇는 학문이에요. 새로운 접착 물질, 특별한 페인트, 그리고 최첨단 직물 등이 이에 속하지요.

자연 그대로 발명가, 레아

- 돋보기
- 적외선 망원경
- 아이디어 노트
- 홀로그램 프로젝터가 장착된 노트북
- 투명 망토
- 사진기
- 특별한 식물과 동물을 추적하는 3D 지도

나노 기술은 어디에 쓰일까요?

나노 기술은 혁신적인 연구 분야예요. 사람의 눈에 보이지 않을 정도로 굉장히 작고 가벼운 물질을 연구하고 만드는 기술이지요. 나노 기술 덕분에 컴퓨터와 휴대폰 등 다양한 산업 분야에서 유용한 장치를 만들 수 있답니다.

나노 분자 예술가, 아니타

- 특수 안경
- 나노 입자 채집기
- 안전모
- 끌과 망치
- 도구용 허리 밴드
- 3D 프린터
- 눈에 보이지 않는 나노 입자 용기

북극 빙산 관리사
_지구의 기온을 책임지다!

　북극은 이제 더 이상 예전 같지 않아요. 빙산이 사라져 가는 건 물론이고, 두꺼웠던 얼음마저 점점 얇아지고 있지요. 얼음이 줄어든다는 건 북극의 추위에 적응해 살던 물고기와 새들이 사라진다는 뜻이에요. 또 태양 빛을 반사하는 하얀 눈이 줄어들어 지구가 점점 더 뜨거워질 거라는 의미이기도 하지요.

　엘렌은 한 가지 아이디어를 떠올렸어요. 북극의 얼음이 줄어드는 걸 막기 위해 작은 빙산을 만드는 거예요. 태양열로 움직이는 친환경 잠수함을 타고, 바닷물로 만든 조그만 얼음을 쏘아 작은 빙산을 만들어요. 점점이 만들어진 작은 빙산들은 곧 커다란 퍼즐 조각처럼 북극 표면에 달라붙게 되지요. 어찌 보면 아이스크림 기계가 차가운 아이스크림을 만들 때처럼 작동하는 거예요. 그 덕분에 엘렌은 '북극 아이스크림 박사'라는 별명을 얻었답니다.

　그런데 몇 주 전부터 이상한 일들이 일어나고 있어요. 새롭게 만들어진 빙산이 감쪽같이 사라져 버린다지 뭐예요! 어느 날 밤, 엘렌은 모두가 잠든 사이 무슨 일이 일어나는지 알아보기 위해 바닷속에 숨어 있었어요. 그런데 몇 시간 뒤, 작은 보트 한 척이 다가와 빙산을 채 가려 하지 뭐예요!

"요 녀석들이었군! 빙산이 북극해 관광 유람선 사업을 위험에 빠뜨리니까, 따뜻한 바다로 가져가 없애 버리려는 거였어."

엘렌은 조용히 잠수함을 출발시켰어요. 그러고는 악당들의 보트 아래 자리를 잡고는 재빨리 얼음을 만들어서 출구를 막아 버렸지요. 그 바람에 빙산 도둑들은 영락없이 얼음 사이에 갇히고 말았답니다!

"고마워요 엘렌, 우리가 벌써 몇 개월째 범인을 찾고 있었거든요!"

경찰서장이 범인들을 체포하고서 엘렌에게 고마움을 전하며 당부했어요.

"모든 시민이 한때 경이로웠던 북극 지역을 예전의 모습으로 되돌려 놓으려는 당신의 노력에 감사하고 있어요. 북극의 얼음이 지구의 모든 생물들에게 반드시 필요하다는 걸 모르는 몇몇 악당들 때문에 빙산 만드는 일이 방해받지 않아야 할 텐데요! 앞으로도 최선을 다해 주세요."

지구의 에어컨, 빙산

극지방, 특히 빙산은 지구의 기후에 무척 중요해요. 북극과 남극은 지구의 에어컨이나 마찬가지거든요. 극지방의 얼음은 태양 빛을 반사해 열을 우주로 분산시켜요. 그러니까 지구의 기온이 올라가지 않도록 도와주는 셈이에요. 거꾸로 말하면, 얼음이 줄어든다는 건 지구의 기온이 올라가 후덥지근해지면서 폭풍과 해일 같은 변덕스러운 기상 이변이 잦아진다는 사실을 의미하지요.

이 직업을 위해서는 다음과 같은 능력이 필요해요!

- 기후 변화에 대한 관심
- 잠수함 조종술
- 극지 얼음 보존에 대한 열정
- 추위를 참는 인내심
- 퍼즐을 좋아할 것
- 바다 생물에 대한 관심

지구에서 얼마나 많은 얼음이 사라질까요?

매년 **7,480억** 톤의 얼음이 녹아서 사라져요.

- 그린란드와 북극에서 **2,860억** 톤
- 남극에서 **1,270억** 톤
- 그 외 지역에서 **3,350억** 톤

북극의 얼음은 얼마나 줄어들고 있을까요?

1979년

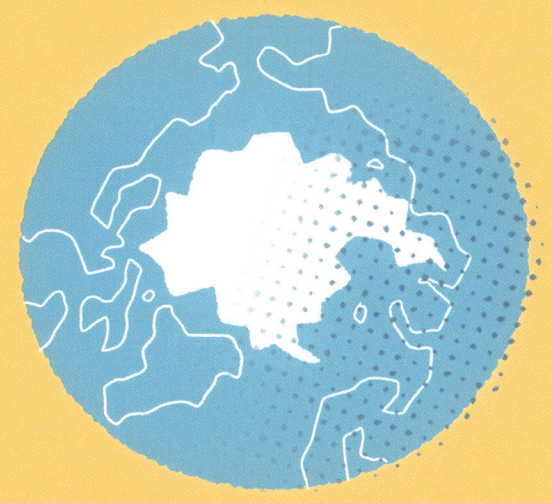

2018년

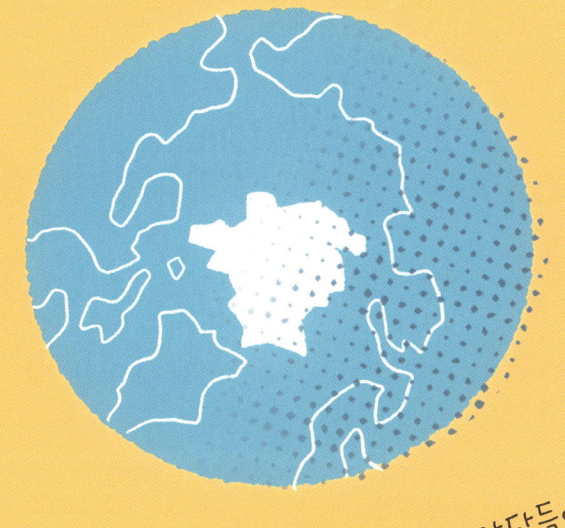

엘렌, 악당들이나 쫓고 있을 때가 아닌 거 같은데……?

인공 지능 로봇 개발자

로봇과 함께 사는 세상이 온다!

며칠 전부터 SNS에는 루이스의 연구 소식이 큰 화제였어요. 그 외에 다른 이야기가 들리지 않을 정도였지요. 루이스는 오랜 연구를 마치고 시험에 나설 참이었어요. 스스로 생각하며 문제를 해결할 수 있는 능력을 지닌 로봇과 함께 말이에요!

루이스는 동료들과 함께 우리 뇌의 비밀을 밝혀냈어요. '수면 중 뇌파'를 연구해서 인공 지능의 성능을 향상시키는 거예요. 연구진은 '꿈을 잡는 베개'라는 장치를 발명했어요. 사람들이 잠을 잘 때 머릿속에 떠오르는 생각과 기억을 분석해서 데이터로 만든 뒤, 슈퍼컴퓨터에 기록하는 장치랍니다.

루이스는 먼저 십여 명의 유명 축구 선수들을 섭외했어요. 그리고 그들에게서 일 년간 모은 방대한 데이터를 인공 지능 축구 로봇인 'ST-99'에게 입력할 예정이에요.

"어떤 수면 단계에서는 뇌가 깨어 있을 때보다 더 열심히 일을 합니다. 그렇게 새로운 생각이 떠오르고, 중요한 기억이 강화되지요."

루이스는 이제 모든 준비가 끝났다고 선언했어요. 그리고 나서 특별한 베개로 모은 데이터를 ST-99에게 전송했지요. 축구 경기장에는 골키퍼를 포함한

열한 명의 축구 선수가 축구 로봇의 콧대를 누르겠다며 기다리고 있었어요.

곧이어 믿을 수 없는 광경이 펼쳐졌어요. ST-99가 자유롭게 축구공을 몰고 앞으로 나아가기 시작한 거예요! 어느 누구도 지시하지 않았는데, 선수들의 꿈속 기억을 바탕으로 자유롭게 행동하고 있었지요. 마치 매일 축구를 했던 것처럼 말이에요.

선수들이 ST-99의 드리블을 막기 위해 거친 태클을 시도했지만, ST-99는 상대 선수들을 껑충 뛰어넘어 피했어요. 마치 신들린 춤을 추듯 자유자재로 선수들을 속이며 공을 몰고 나아갔지요. 나머지 선수들이 모든 방법을 총동원해 막아 보려 했지만, 아주 쉽게 그들을 제치고 골키퍼 앞으로 나아갔어요.

'정말 슛을 할 수 있을까? 혹시 오류가 나지는 않을까?'

루이스가 속으로 걱정하는 순간, ST-99가 공을 높이 띄운 뒤 멋진 오버헤드 킥으로 순식간에 골을 넣어 버렸답니다! 그 순간, 골키퍼는 아무것도 할 수 없었어요!

루이스는 감격에 겨워 두 팔을 번쩍 들며 믿을 수 없다는 표정으로 소리쳤어요.

"이건 그저 첫걸음일 뿐이야. 사람의 뇌에서 제대로 밝혀지지 않은 부분은 아직 무궁무진하다고!"

베일에 싸인 인간의 뇌를 연구하다!

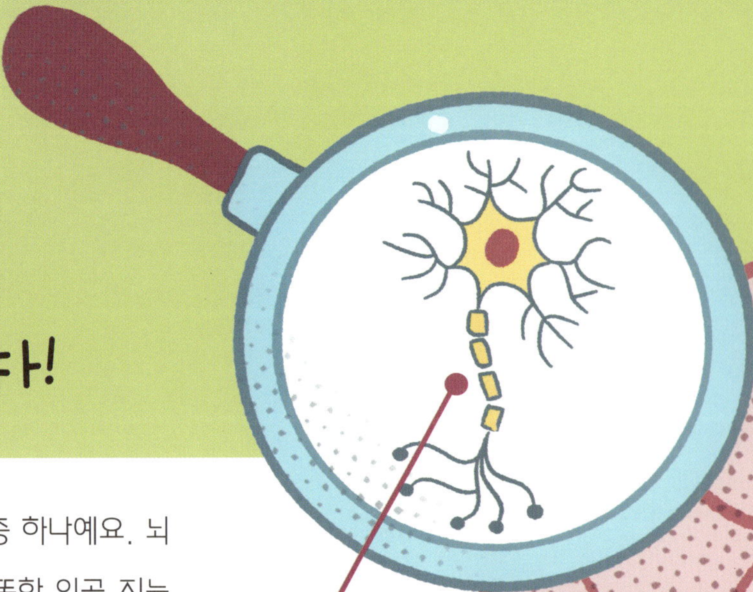

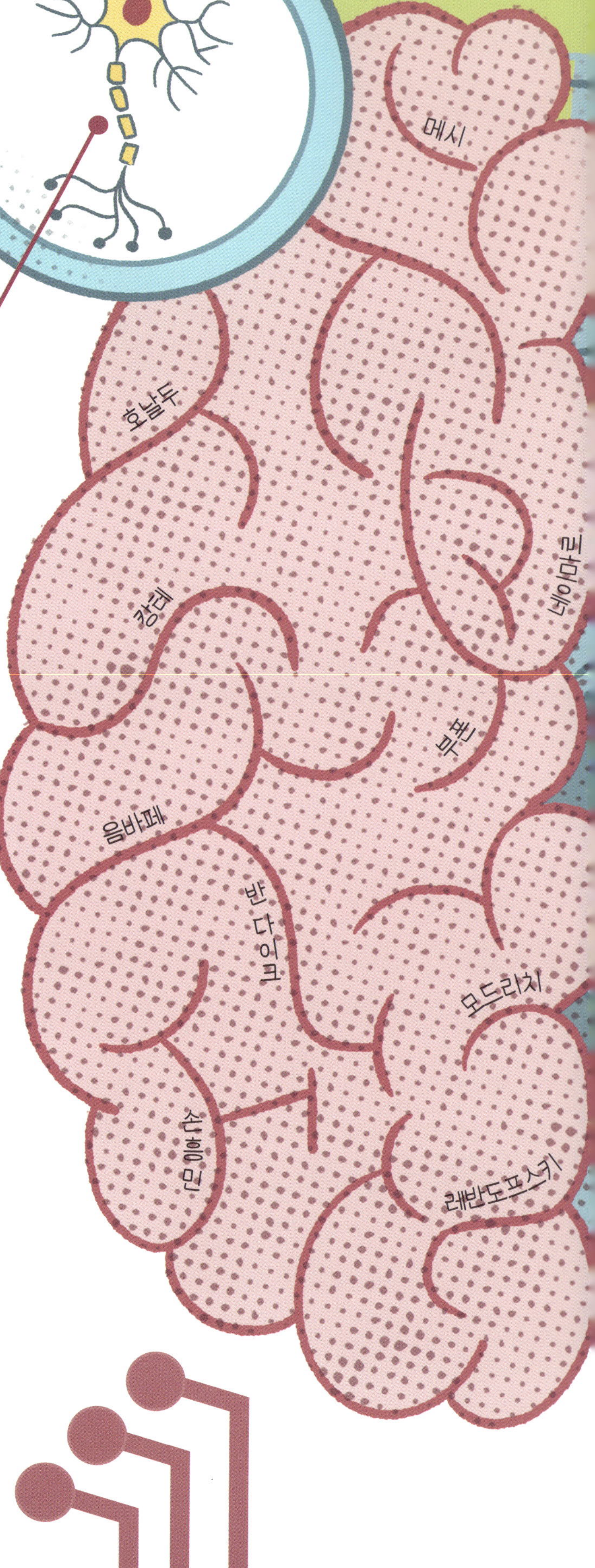

뇌는 사람의 몸에서 가장 신비한 기관 중 하나예요. 뇌에 대해 새롭게 밝혀진 정보들은 더 똑똑한 인공 지능을 개발하는 데 이용되지요. 기억, 언어, 수면, 그리고 또 다른 비밀들이 사람을 뛰어넘는 인공 지능 탄생에 큰 도움을 줄 거예요. 물론 아직 갈 길이 멀답니다!

신경 세포

사람의 뇌는 수십억 개의 신경 세포로 이루어져 있어요. 아주 작은 크기의 신경 세포는 1초에 100미터를 이동하는 빠른 속도로 정보를 처리하고 전송하지요.

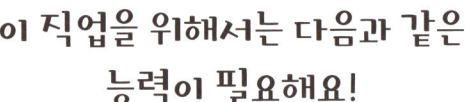

이 직업을 위해서는 다음과 같은 능력이 필요해요!

- 정보 탐색에 대한 열정
- 컴퓨터 사용 능력
- 오류를 통해 학습하는 능력
- 수학과 숫자에 대한 관심
- 집요한 끈기
- 가상 현실 실현에 대한 열정

전기 회로

현재 우리는 어떤 로봇을 이용하고 있을까요?

우리는 크기가 큰 로봇부터 아주 작은 로봇까지, 각 분야에서 수많은 로봇을 사용하고 있어요. 인공 지능과 결합되기도 하지요. 로봇을 사용하는 분야는 더욱 다양해지고 있답니다.

- 의학계 : 수술 중에 외과 의사를 도와주어요.
- 산업계 : 힘들고 반복적인 작업을 대신해요.
- 스포츠 : 바둑과 체스 등에서 사람과 겨루어요.
- 사교적 필요 : 일상생활에서 장애를 겪는 사람들을 도와주어요.

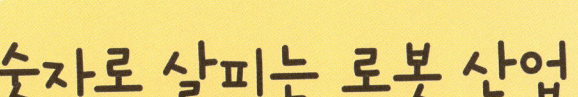

숫자로 살피는 로봇 산업

로봇의 수가 점점 늘어나고 있어요.

2005년 : 100만 대 미만
2016년 : 1,800만 대
2019년 : 2,600만 대
2022년 : 3,900만 대(추정치)

물이 필요 없는 농부
_화성에서 농작물을 재배하다!

"여기, 토마토 다섯 개랑 딸기 한 봉지예요."

라일라가 봉투에 과일을 담으며 말했어요. 물이 없는 화성에서는 과일이 무척 귀해요. 그렇지만 라일라네 가게는 항상 사람들로 붐비지요. 라일라는 새로운 재배 기술로 농사를 짓거든요.

"화성에는 물이 거의 없어요. 게다가 땅은 온통 딱딱한 바위투성이지요."

라일라는 이런 척박한 환경에서 채소와 과일을 재배하는 기술을 개발한 거예요! 식물이 살아가는 데 꼭 필요한 양만큼의 수분을 정확하게 계산해서 미세 분무기로 식물의 뿌리에 직접 주입해요. 그리고 수분이 날아가지 않도록 방수 주머니로 뿌리를 감싸 주지요. 낭비하는 물은 단 한 방울도 없었어요! 그래서 사람들은 라일라를 물이 필요 없는 농부라고 부른답니다.

하지만 라일라에게는 미처 이루지 못한 목표가 있었어요. 할아버지가 남긴 수박 씨 몇 알을 항상 주머니에 넣고 다니거든요. 맞아요! 수박을 키우겠다는 꿈이에요.

라일라는 뒷마당에 작고 비밀스런 수박 농장을 만들었어요. 그렇지만 수박을 키우는 건 예상보다 훨씬 더 어려웠어요. 게다가 기껏 키운 수박은 지구에서 먹던 것과 하나도 닮아 보이지 않았답니다. 사실 수박은 거의 전체가 물로 이루어져 있잖아요. 물이 얼마 없는 화성에서 키우기에는 전혀 적합하지 않은 작물인 셈이지요.

낙담한 라일라는 뒷문 입구에 웅크리고 앉아 있었어요. 그때 라일라의 친구가 다가와 상냥하게 말을 걸었어요.

"라일라, 무슨 일 있니? 근데 여기 이 이상한 과일은 뭐야?"

말릴 틈도 없이 친구는 '실패한' 수박을 집어 한입 크게 베어 물었어요. 라일라는 너무 부끄러워 얼굴이 빨개졌지요. 그런데 친구는 예상과 다른 반응을 보였어요! 새로운 과일의 신선한 맛에 놀라 곧바로 몇 개 사고 싶어 했거든요.

라일라가 기뻐하며 말했어요.

"그냥 선물로 줄게. 실은 수박을 재배하려 했는데, 어쩌다 보니 화성에서 처음 선보이는 과일이 탄생했지 뭐야!"

가뭄은 왜 생기는 걸까요?

지구 온난화와 무분별한 벌목 때문에 지구의 많은 지역에서 더 길고 심각한 가뭄이 들고 있어요. 게다가 그동안 가뭄을 겪지 않았던 지역에서도 점차 물이 부족해지는 현상이 나타나고 있지요.

앗, 가뭄이 들었다고요?

'가뭄'은 오랜 기간 비가 오지 않아 물이 부족한 시기를 가리켜요. 또 농작물이 자라는 데 꼭 필요한 물이 부족해서 땅이 바짝 말라 버린 상태를 뜻하기도 하지요.

난 90% 이상이 물이라고. 라일라, 바보!

이 직업을 위해서는 다음과 같은 능력이 필요해요!

- 원예에 대한 재능
- 식물에 대한 애정
- 과일과 채소를 좋아할 것
- 농업에 대한 관심
- 기업가 정신
- 도전을 즐기는 성향

물을 낭비하지 않으려면 어떻게 해야 할까요?

물은 전 세계 대부분의 지역에서 꼭 필요한 자원이에요. 하지만 위험한 물 부족 상황에 처한 곳도 많아요. 물을 아끼기 위해 앞으로 해야 할 일들이 꽤 많답니다!

- 논이나 밭에 물을 대는 걸 농업에서 '관개'라고 불러요. 관개뿐 아니라 농장에서 더 효율적으로 물을 사용해야만 해요.

- 농약 사용을 줄이는 등 환경 친화적인 농업 기술을 개발하면 수질 오염이 줄어들 거예요.

- 물을 재사용하고 재활용하는 다양한 방법도 개발하고 있어요.

바이러스 탐정
_전염병 팬데믹을 막아라!

"탐정님, 지금 즉시 와 주시기 바랍니다!"

브라질 아마존 밀림 한복판의 거대한 도시 리오의 시장은 절박한 마음으로 클라라를 호출했어요. 며칠 전부터 많은 사람들이 후각을 잃어 가고 있었거든요. 클라라는 세계적으로 유명한, 그리고 좀처럼 실패하지 않는 **바이러스 탐정**으로 이름을 날리고 있었어요. 아무도 발견하지 못한 사람 몸속의 미세 바이러스를 곧잘 채취해 내곤 했거든요. 게다가 백신을 빠르게 개발하는 걸로도 유명했어요.

사실 클라라는 리오에서 발생한 바이러스에 대해 전해 듣고, 기침이나 재채기 등 사람의 침을 통해 전파되는 것 같다고 의심하고 있었어요.

"박쥐에게서 전파되었다는 건 의심할 여지가 없어요. 어떤 과일이나 야생 동물에게서 바이러스에 감염된 후, 사람에게 붙잡힌 모양이에요."

브라질의 다른 도시들처럼 리오도 점점 커지면서 울창한 밀림을 침범하기 시작했어요. 그 결과 야생 동물들과의 접촉이 눈에 띄게 증가했지요.

클라라는 곧바로 주변 밀림에서 가장 큰 박쥐 서식지로 향했어요. 클라라의 배낭에는 특별한 총이 들어 있었어요. 총알 대신 나노 로봇이 발사되는 총이었어요. 나노 로봇이 동물의 혈액 속 바이러스를 탐지해 입체 영상으로 재생해 주는 최신 발명품이었지요.

클라라는 박쥐가 무척 좋아하는 과일 즙을 덫에 뿌렸어요. 과일 냄새에 이끌린 박쥐들이 덫에 걸리면, 클라라가 최신 총으로 박쥐의 혈액을 분석하고 다치지 않게 풀어 주었지요. 이 과정이 전부 몇십 초면 충분했어요.

"이제 백신 개발에 필요한 데이터를 다 얻었어요."

소중한 데이터는 곧 도시의 모든 병원에 전달되었지요.

"동굴을 부술 필요는 없어요! 박쥐는 생태계에 무척 중요한 동물이라고요."

클라라는 당분간 박쥐와 접촉하지 말 것을 조언하는 한편, 전염병이 더 이상 퍼지지 않도록 외출 시에 마스크를 꼭 써 달라고 당부했답니다.

바이러스는 어떻게 생겼을까요?

바이러스는 아주 작아서 맨눈으로는 볼 수 없어요. 그래서 성능이 뛰어난 전자 현미경이 필요하답니다!

- 핵(유전 물질을 포함하고 있어요.)
- 보호 외피(핵을 보호하는 껍질이에요.)
- 특수 단백질(감염시킬 세포와 결합하는 손잡이 역할을 해요.)

각양각색 바이러스

바이러스는 모두 똑같이 생겼냐고요? 아니에요! 감염시킬 수 있는 세포의 종류(백혈구, 줄기세포, 신경 세포 등등)에 따라 다양한 모양을 띠고 있어요. 각종 바이러스는 여러 가지 종류의 무서운 질병을 일으킬 수도 있답니다.

바이러스를 연구하기 위한 필수 준비물

- 눈 보호 장비
- 코와 입 등 호흡기를 보호하기 위한 마스크
- 보호복
- 손을 보호하는 장갑
- 덧신

감염을 막기 위한 몇 가지 지침

• 물과 비누로 손을 자주 씻어요.

• 손으로 눈이나 코, 입을 만지지 않아요.

• 재채기나 기침을 할 때면 입을 가려요.

• 사람이 많이 모이는 장소는 되도록이면 피해요.

이 직업을 위해서는 다음과 같은 능력이 필요해요!

○ 추적에 대한 열정
○ 지구력과 체력
○ 의학에 대한 지식
○ 주사를 두려워하지 않는 마음가짐
○ 다른 사람을 돌보는 희생정신
○ 오차를 허용하지 않는 정밀함

멸종 위기 관리사

_과거를 온전히 복제하다!

"레몬은 이제 더 이상 없어."

마트에서 장을 볼 때 사려고 적어 둔 목록을 보며 프랑소와가 중얼거렸어요. 사실 레몬뿐 아니라, 다른 진열대도 언제부턴가 텅텅 비기 시작했어요. 브로콜리, 애호박, 사과…….

얼마 전부터 꿀벌을 비롯한 '화분 매개 곤충'들이 사라졌거든요. 대기 오염과 기후 변화로 꽃에서 꽃으로 꽃가루를 전달해 과일나무의 열매를 맺게 만들어 주던 곤충들이 멸종한 거예요. 그들과 함께 매일 우리 식탁에 오르던 식료품들도 사라졌지요. 채소와 과일이 줄어든다는 건, 곧 우유와 육류도 부족해질 거라는 걸 의미해요.

멸종 위기 관리사라는 독특한 직업을 가진 프랑소와는 아무 일도 없었던 것

처럼 행동할 수 없었어요. 꼭 자기 탓인 거 같았거든요! 프랑소와는 '여섯 번째 대멸종 위기 관리팀'을 부른 후, '긴급 상황'이라는 걸 모두에게 알렸어요. 그러고 나서 연구실로 자리를 옮겨 꿀벌의 세포에서 DNA를 추출하기 위해 필요한 도구들을 준비했지요. 멸종 위기 관리사가 맡은 주요 업무 중 하나가 DNA를 인공적으로 복제해서 사라진 과거의 생물을 되살리는 것이거든요!

"여러분, 벌통에서 알이 부화되고 있어요!"

프랑소와가 기뻐서 소리쳤어요. 그러나 완벽하게 되돌아오지 않는 것도 있었어요. 어떤 꿀벌은 다리가 열 개였고, 어떤 꿀벌은 예전처럼 다리가 여섯 개였거든요. 정말 이상했어요! 아마도 DNA를 복제하는 동안 오류가 발생해 돌연변이 꿀벌이 태어난 모양이에요.

누군가는 오히려 기회라고 주장했어요. 다리가 열 개인 꿀벌은 다리가 여섯 개인 꿀벌에 비해 한 번에 더 많은 꽃가루를 묻혀 옮길 수 있으니까요. 하지만 프랑소와는 펄쩍 뛰며 이 의견에 반대했어요.

"자연에 풀어놓을 종은 멸종된 종과 똑같아야 해. 변종은 안 된다고!"

토론을 마친 뒤에는 모두 프랑소와의 의견에 동의했어요. 멸종된 종에게 새로운 생명을 불어넣는 건 반드시 필요한 경우에만 실행해야 하지요. 지금 우리가 누리고 있는 걸 소중히 여기는 자세가 먼저여야 해요. 또 다른 기회는 없을 테니까요!

얼마나 많은 종이 위험에 처해 있을까요?

전문가들은 이미 지구에서 여섯 번째 대멸종이 시작되었다고 주장해요. 최악의 경우, 현재 지구에 살고 있는 생물 중 약 75퍼센트가 사라질 위기에 처해 있다는 것이지요. '국제 자연 보전 연맹(IUCN)'은 지구에 존재하는 생물 중에서 약 5만 2,000여 종 이상이 멸종 위기에 놓여 있다고 분석했어요.

현재 영원히 사라질 위협에 처한 종을 분류해 보면 다음과 같아요.

13%
조류

25%
포유류

45%
양서류

어째 날개가 길어진 느낌인데……? 프랑소와 나와라, 오버!

과거에 대체 무슨 일이 일어난 걸까요?

몇몇 과학자들은 우리가 살고 있는 시대를 '여섯 번째 대멸종 기간'이라고 불러요. 이는 과거에 이미 다섯 번의 매우 큰 멸종이 있었기 때문이지요. 첫 번째 멸종은 4억 4,000만 년 전에 일어났는데, 거의 90퍼센트에 이르는 종이 멸종했어요. 마지막 대멸종은 6,600만 년 전에 발생했어요. 그 당시 거대한 공룡들을 사라지게 한 가장 큰 원인으로 운석 충돌을 꼽고 있지요. 다섯 번째 대멸종 이후, 현재 지구에 살고 있는 종들이 전 세계로 퍼져 나가기 시작했답니다.

이 직업을 위해서는 다음과 같은 능력이 필요해요!

○ 냉정한 판단력
○ 극도의 치밀함
○ 멸종된 종에 대한 연민
○ 생명 공학에 대한 열정
○ 고생물학에 대한 관심
○ 높은 도덕성

희망이 없는 건 아니에요!

상황은 심각해요. 그렇지만 희망이 없는 건 아니에요. 최근 수십 년간 사막에서 바다에 이르기까지, 멸종 위험에 처한 종들을 보호하기 위해 갖가지 다양한 계획이 등장했답니다. 몇몇 계획은 멸종을 막는 훌륭한 본보기가 되기도 했지요. 그렇지만 무엇보다 중요한 건, 모두 관심을 갖고 노력해야 한다는 점이랍니다!

심해 탐험가

_미지의 해저를 탐구하다!

몇 달 전, 태평양 연안에서 처음 보는 물고기의 사체가 자꾸 눈에 띈다는 소문이 돌았어요. 바다를 터전으로 삼아 살아가는 사람들이 불안해하자, 심해 탐험가인 아리가 자신의 잠수정 '네모'를 이끌고 나서기로 했어요. 바닷속에서 무슨 심각한 일이 벌어지고 있는 건 아닌지 궁금했거든요.

"제 말 들리세요? 150미터 지점을 통과하고 있어요."

아리의 심해 잠수정은 일반적인 잠수정과는 다르게 생겼어요. 높은 압력에 견딜 수 있도록 물방울 모양으로 만든 선체에 로봇 팔이 열 개나 달려 있거든요. 그래서 해저를 걷거나 장애물을 손쉽게 제거할 수 있답니다. 수심 1,000미터 깊이를 지나자 무선 통신이 끊겨 버렸어요. 이제 오롯이 바닷속 움직임에만 집중할 수 있게 되었지요.

"이제 우리는 화성까지 가서 살 수 있게 되었어. 그치만 바다에 대해서는 아는 게 전혀 없다니까?"

깊은 바닷속은 햇빛도 미치지 못해서 캄캄해요. 게다가 수압이 높아 움직이는 것도 쉽지 않지요. 보통 10미터 깊이에 약 1기압씩 증가한다고 하니, 1,000미터를 내려가면 지상에서보다 100배나 높은 압력을 받게 되는 셈이지요.

어느새 해저, 그러니까 바닥에 도착한 아리가 주변을 샅샅이 둘러보기 시작했어요. 그런데 갑자기 이상하게 생긴 심해어 무리와 맞닥뜨렸어요. 아리가 깜짝 놀라 큰 소리로 외쳤지요.

"블랙드래곤피시다!"

아리는 왜 갑작스럽게 물고기들이 이동하는지 궁금했어요.

"혹시 어딘가에서 뜨거운 가스가 분출되는 건 아닐까? 네모, 주변 바닥을 조사해 봐."

그때 갑자기 잠수정 몸체가 부르르 떨리더니 굉음이 들렸어요. 해저 화산이 분출한 거예요! 곧이어 분출구에서 가스와 함께 용암이 매우 빠르게 흘러나오기 시작했지요. 하지만 아리는 바로 자리를 뜨고 싶지 않았어요. 물고기들이 어디로 피하는지 확인하고 싶었거든요.

주변을 모니터링하던 네모가 마침내 용암과 가스 거품 사이에서 급히 이동하는 심해어 몇 마리를 찾아냈어요.

아리는 물고기 뒤를 따라 이동하기로 결정했답니다.

"네모, 수고했어! 이제 이동하자. 엔진, 시동!"

바닷속 세상에 오신 걸 환영합니다!

해양 환경은 깊이에 따라 여러 구역으로 나누어 볼 수 있어요. 현재 바다에 사는 생물의 총 숫자는……,

수면 구역
수면에 가까운 구역이에요. 광합성이 가능할 정도로 충분한 햇빛이 들어오지요.

플랑크톤   흰동가리

황혼 구역
햇빛이 점점 줄어들기 시작하는 곳이에요.

백상아리

한밤중 구역
햇빛이 다다르지 않아요. 그래서 많은 생물들이 스스로 빛을 내지요. 이를 '생물 발광'이라고 부른답니다.

아귀

심해 구역
온도가 섭씨 0도에 가까워요. 또 극심한 수압 때문에 극소수의 생물만 살아갈 수 있지요.

스코토플레인

해구 구역
바다의 맨 밑바닥, 가장 신비한 구역이에요. 깊은 바다로 갈수록 점점 더 생존이 어려운 극단적인 환경으로 바뀌지요. 사실 생물의 생존이 거의 불가능하답니다!

민태

솔직히 정확하게 알지 못해요. 과학자들은 바다에 사는 생물의 90퍼센트 이상이 아직 발견되지 않았을 것으로 예측한답니다. 면적으로 따져 보아도, 전체 해양의 95퍼센트가 아직 탐험하지 않은 미지의 지역으로 남아 있지요.

외래종 사냥꾼
_지구 생태계를 지켜라!

오스트레일리아 사막의 강렬한 햇빛을 막기 위해 챙이 넓은 모자와 눈을 보호하는 선글라스 등으로 단단히 무장한 한 젊은 여성이 거대한 바위 뒤로 슬그머니 사라졌어요.

"아직 아무것도 보이지 않네요."

남반구 전체를 통틀어 가장 능력 있는 외래종 사냥꾼 가운데 한 사람인 케이라가 혼잣말로 중얼거렸어요. 사람들은 외래종 사냥꾼이라고 하면, 머리에는 안테나 두 개가 달리고 얼굴에는 눈이 네 개나 있는 초록색 외계인들을 잡으러 다니는 사람이라고 착각하곤 해요. 하지만 케이라의 활동은 지구, 그것도 우리가 사는 곳 주변에서 이루어진답니다!

"'외래종'은 우리 사이에 있어요. 대부분 사람들 때문에 생겨나지요. 원래 살던 서식지에서 강제로 옮겨 와 전 세계 여기저기로 흩어진 경우가 많아요. 기후 변화 때문에 어쩔 수 없이 서식지를 옮겨야 했던 동식물도 있지만요. 아무튼 외래종은 토착 생태계를 위협하는 아주 커다란 문젯거리랍니다."

케이라는 오스트레일리아의 골칫거리 외래종 문제를 해결한 것으로 유명해요. 바로 '단봉낙타 사건'이었어요. 1800년대, 유럽의 탐험가들은 오스트레일리아에 단봉낙타를 들여왔어요. 짐을 나를 때 부리려던 거였어요. 그런데 기차가 등장하면서 낙타가 할 일이 없어지자 그냥 자연에 풀어놓았답니다. 이후 그 수가 자꾸만 늘어 무려 수십만 마리에 이르게 되었지요. 최근 들어 기온이 오르고 산불이 연이어 발생해 물이 부족해지자, 단봉낙타들이 무리를 지어 이동하면서 마을 주민들에게 심각한 피해를 입혔어요.

주민들은 단봉낙타를 없애고 싶어 했답니다. 그렇지만 케이라는 다른 방법으로 사건을 해결했어요. 사막 한가운데 물이 가득 찬 공기 주입식 수영장을 만든 거예요. 기발한 해결책이었지요! 물을 마시러 온 단봉낙타들을 '사냥'한 뒤, 충분한 먹이와 물을 섭취하며 살아갈 수 있는 보호 구역으로 데려갔거든요.

갑자기 케이라가 망원경을 들고 은신처에서 나왔어요. 그러고는 낙타를 포획할 덫을 준비했지요.

"저기 열 마리 정도가 오네요. 안전한 곳으로 옮기기 전에 일단 물을 마시게 놔둡시다!"

외래종을 찾아라!

비록 '외래종' 혹은 '침입종'이라는 무시무시한 이름으로 불리고는 있지만, 정말 새로운 땅을 침략하려는 건 아니에요. 단지 자신만의 보금자리를 마련하려는 것뿐이지요. 그렇지만 종종 토착종의 생존을 위협하고 생태계의 균형을 깨트리곤 해요.

▲ **수생히아신스** (식물)
원산지 : 아마존
새 서식지 : 전 세계
특징 : 햇빛을 막아 다른 수생 식물의 생장을 방해해요. 그러면 물속의 산소가 줄어들어서 생태계가 변하게 되지요.

▲ **등검은말벌** (무척추 동물)
원산지 : 아시아
새 서식지 : 유럽
특징 : 토종 꿀벌과 말벌을 먹어치워요.

▲ **쏠배감펭** (어류)
원산지 : 인도양
새 서식지 : 지중해
특징 : 포식자가 없어서 매우 공격적으로 사냥해요.

이 직업을 위해서는 다음과 같은 능력이 필요해요!

- 생물학에 대한 관심
- 탁월한 시력
- 자연과 동물에 대한 애정
- 숨은 흔적을 찾아내는 예민함
- 낯선 생물에 대한 호기심
- 공존을 위한 아이디어

▲ **황소개구리 (양서류)**
원산지 : 북아메리카
새 서식지 : 전 세계
특징 : 곰팡이 감염균을 옮기는 매개체 역할을 해요.

▲ **이집트기러기 (조류)**
원산지 : 아프리카
새 서식지 : 아시아, 모리셔스, 미국, 오스트레일리아, 유럽
특징 : 다른 종에 매우 공격적이에요.

▲ **붉은귀거북 (파충류)**
원산지 : 미국과 멕시코
새 서식지 : 전 세계
특징 : 먹이와 서식지를 빼앗아 토착종을 밀어내는 등 전체 물속 생태계에 영향을 미쳐요.

▲ **회색큰다람쥐 (포유류)**
원산지 : 북아메리카
새 서식지 : 유럽과 남아프리카
특징 : 먹이를 빼앗거나 병을 옮겨 토착종을 멸종시킬 수 있어요.

케이라, 덤벼!!

지은이 소피아 에리카 롯시
이탈리아에서 철학 및 신경 과학을 공부한 뒤, 지금은 밀라노의 한 병원에서 과학 커뮤니케이터로 근무하고 있어요. 건강과 환경, 그리고 동물에 대해 이야기할 때 가장 즐겁다고 해요.

지은이 카를로 카네파
정치 비평 매체인 '파젤라 폴리티카'에서 근무하고 있어요. 정치인들의 거짓말과 웹 사이트에 떠도는 거짓 뉴스를 낱낱이 분석한 뒤 진실을 파헤치는 일을 맡고 있답니다. 축구에 관한 책을 펴내기도 했어요.

그린이 루카 폴리
그래픽 디자인과 일러스트레이션 세상을 오가며 작업하고 있어요. 만화와 음악을 가장 사랑해요. 모든 책의 일러스트 작업은 흥미로운 모험이라고 생각한답니다.

옮긴이 음경훈
한국외국어대학교 이탈리아어과를 졸업하고, 이탈리아 국립 토리노 대학에서 이탈리아 현대 문학을 공부했어요. 지금은 여러 이탈리아 작품을 우리말로 옮기는 일을 하고 있답니다. 옮긴 책으로 《회색큰다람쥐를 현상 수배합니다》《적도에 펭귄이 산다》 외 여러 권이 있어요.

푸른숲 생각 나무 21

지구 온난화에 맞서는 건축가가 될 거야!

첫판 1쇄 펴낸날 2022년 3월 25일 | **2쇄 펴낸날** 2022년 10월 7일 | **지은이** 소피아 에리카 롯시·카를로 카네파 | **그린이** 루카 폴리 | **옮긴이** 음경훈 | **발행인** 김혜경 **편집인** 김수진 | **주니어 본부장** 박창희 | **편집** 길유진 진원지 강정윤 | **디자인** 전윤정 김혜은 | **마케팅** 최창호 | **경영지원국** 안정숙 | **회계** 임옥희 양여진 김주연 | **인쇄** 신우인쇄 | **제본** 에이치아이문화사 | **펴낸곳** (주)도서출판 푸른숲 | **출판등록** 2003년 12월 17일 제2003-000032호 | **주소** 경기도 파주시 심학산로 10, 우편번호 10881 | **전화** 031)955-9010 | **팩스** 031)955-9009 | **홈페이지** www.prunsoop.co.kr | **이메일** psoopjr@prunsoop.co.kr | ⓒ푸른숲주니어, 2022 | ISBN 979-11-5675-327-8 (74400) 979-11-5675-030-7 (세트)

잘못된 책은 구입하신 서점에서 바꾸어 드립니다. 본서의 반품 기한은 2027년 10월 31일까지입니다.
KC 마크는 이 제품이 공통안전기준에 적합하였음을 의미합니다. 던지거나 떨어뜨려 다치지 않도록 주의하세요.

i Lavori del Futuro
by Sofia Erica Rossi & Carlo Canepa

White Star Kids® is a registered trademark property of White Star s. r. l.
Copyright © 2021 White Star s. r. l.
Piazzale Luigi Cadorna, 6, 20123 Milan, Italy(www.whitestar.it)
Korean Edition Copyright © 2022 Prunsoop Publishing Co., Ltd.
All rights reserved.

This Korean edition published by arrangement with White Star s. r. l. through Lena Agency, Seoul.

이 책의 한국어판 저작권은 레나 에이전시를 통해 White Star s. r. l.과 독점 계약한 (주)도서출판 푸른숲에 있습니다.
저작권법에 의해 한국 내에서 보호를 받는 저작물이므로 무단 전재와 복제를 금합니다.